Chamán ante el fuego

Poesía

Razón del inconsciente

Javier Asiáin

ALBACETE 2025

Título: *Razón del inconsciente*
1ª edición, mayo de 2025

Dirección: Anaís Toboso & Pedro Gascón

© de la obra Javier Asiáin
© de la imagen de cubierta María José López Cerro
© de la edición Chamán Ediciones

Diseño: Chamán Ediciones
www.chamanediciones.es
Maquetación: Fernando Ordóñez
www.estudiocreatia.com
Impresión: Estilo Estugraf Impresores S.L.
www.estugraf.com

ISBN: 979-13-990098-2-8
D.L.: AB 127-2025
THEMA: DCF

Impreso en España

Índice

Razón del inconsciente

Hasta que no hagas consciente lo que llevas en tu
[inconsciente,
este último dirigirá tu vida y tú lo llamarás destino.

Carl Gustav Jung

Si cambias la manera en que ves las cosas
cambiarás las cosas que ves.

Wayne Dyer

Mito y origen

*Una mente no puede
entenderse sin la cultura.*

Lev Vygotsky

Psique

HASTA Venus envidiaba tu belleza
Enamorado hasta la médula Cupido
hijo de Marte
juró fidelidad a tu alma alada

Eres como un soplo etéreo
Mariposa cósmica
Vuelo grácil sobre la tenue materia
No es de extrañar que Júpiter
convirtiera en faro tu hermosura
para encender el núcleo
de la mente humana

Complejo de Adonis

SUS músculos son bellos
como el monte del Olimpo
Se parece a un efebo griego
aunque bíceps braquial
redondo mayor trapecio y dorsal
esconden la funesta alegoría
de la hormona del crecimiento

Hace tiempo que Afrodita lo abandonó
por un pastorcillo trémulo llamado David
que en hebreo significa *El amado*

Los anabolizantes perfeccionan al semidiós
La impotencia sexual
lo condena a un frío eterno

Cronofobia

PONER una relojería en Suiza
no te otorgó capacidad de persuasión
Tampoco te sirvió de mucho
que ataviado con una guadaña
atentaras contra tu padre
Ni tan siquiera manipular los almanaques
aventajó ni un ápice tu camino hacia la eternidad

Señor de los equinoccios y las estaciones
creador del péndulo estival que rige
el don de las cosechas
y el cenit de los eclipses

No hay mayor titán que el miedo
Quien teme al paso del tiempo
ya es Caronte quien conduce su vida
hacia la laguna Estigia

Armonía

HIJA de Ares y de Afrodita
Por alegato propio eres dueña de la proporción
y señora de la templanza
No necesitabas las joyas de Hefesto
sobre tu cuello blando
para ennoblecer más tu hermosura
porque solo la sintaxis de tu nombre
conduce a la belleza

Aún no logro entender por qué la mitología
trasformó en serpiente
al pájaro del equilibrio
que eleva su canto unánime
en el vértice sublimado de la balanza

Complejo de Cenicienta

UNA vida entera para encontrar
a un buen marido
Una vida entera para perderlo
una y otra vez
preguntando siempre
en la carroza equivocada

A propósito de Ariadna

VALENTÍA y astucia Teseo
para entregar tu corazón a la más pura
Valentía y astucia para abandonarla
al linde de una vereda sin término
y derrotar a la bestia
para regresar de nuevo
como quien regresa a la vida
de un laberinto imposible
aferrado al extremo
de un filamento de niebla

A propósito de Diana

SI Dios te hizo mujer
y otorgó a tus manos
el arte secreto de la caza
y con ello reivindicaste al mundo
la destreza de hacer
lo mismo que los hombres
quizá fuera cierto
que en el año 700 A.C.
la igualdad de género
ya comenzó contigo

A propósito de Creso

Poderoso Señor de Oriente
con mano regia diriges el mundo
y alardeas de tu dicha soberana
entre mortales

Gran rey de la opulencia
Sometiste bajo tu yugo a medio continente
Sin embargo tu final fue trágico
y acabaste en la gran pira
a manos de Ciro el Persa

El erotismo de creerse excepcional
fue llama y a su vez ceniza

A propósito de Fausto

VENDER el alma al diablo
para saciar la sed de conocimiento
no hizo de tu vida un hombre satisfecho
Rembrandt inmortalizó tu biblioteca
con una luz cenital traspasando la conciencia
Goethe te retrató en un poema épico
en pos de lo imposible
La búsqueda en la magia hermética y la vieja alquimia
tampoco te condujo hasta el secreto último de las cosas
Deseabas nuevos vértigos
amor inalcanzable y desafío a la verdad
Hasta osaste hurtar el síndrome
al mismísimo Sócrates
Ahora entiendo que con tanta presunción
Mefistófeles te comprara a bajo precio

Complejo de Edipo

REY de Tebas
¿Si busco en la mujer amada
el rostro incólume de la madre
si en sus brazos hallo
el refugio tierno de la infancia
y en sus labios la preclara sonrisa
del origen
equivoco los caminos?
Rey de Tebas
Que hable el oráculo de Delfos
O ¿acaso fuiste menos rey
al jurar amor eterno
a la reina Yocasta?

Complejo de Aquiles

VIGOROSO héroe griego aunque no lo reconozcas
eres tan vulnerable como Paris
si bien tu furia y arresto denotan lo contrario
Tu armadura reluciente bajo el sol de las batallas
oculta tus *points faibles* y tu pobre complacencia
Nunca nadie te observó desnudo
alejado de tu espada y de tu yelmo
Bebes vino regio y amas los poemas épicos
que recuerdan a la historia que triunfaste
Al igual que Jasón y Ayax
Quirón hijo de Cronos te alimentó de noche
y adiestró tu espada para la victoria

Dime entonces hijo de Peleo
tú que ensartas al hostil
y tiñes de rojo las aguas de Escamandro

¿Por qué sonríes al destino
si sabes que mañana morirás?

Complejo de Hamlet

PRÍNCIPE de Dinamarca
A veces la desventura mayor
no es la muerte o el desacato
ni siquiera el destierro
muy lejos de Elsinor
sino vivir ante el temor manifiesto
de elevar preguntas al orbe
y enterrar en hornacina dorada
la llave encendida del monosílabo
verdadero

Complejo de Empédocles

AMADO filósofo
al igual que Parménides y Heráclito
espíritu y materia amor y discordia
el movimiento lo inmutable
fueron razón de tu doctrina
El ciclo cósmico y la naturaleza del ser
te elevaron al reconocimiento máximo
entre congéneres
Sin embargo te arrojaste desde lo alto
al fuego del volcán
para aumentar más tu leyenda

Alienación de un sueño tu vida
Excelso epitafio tu muerte

Complejo de Alejandro

INTENTAR preceder a tu padre Filipo de Macedonia
como único argumento a la existencia
te condujo hasta la negación propia
Y sabes bien que tu mayor adversario
lo llevabas dentro

Un día acabó contigo
a base de rendirle cuentas

Complejo de Antígona

SÓFOCLES reflejó bien la tragedia

Renunciar a toda una vida
para asistir a la de tu progenitor
te hizo esclava de su necesidad
y anciana de tu juventud

El día de su entierro
apareció tu nombre en la necrológica

Síndrome de Sísifo

NO mires al futuro con miedo
ni al pasado con decepción
En la cima del mundo
el instante sagrado
no espera

Síndrome de Diógenes

HOMBRE y mujer desnudos
como criaturas únicas
en mitad del paraíso
Aptos para la selección
Aptos para el consumo

Acaso nadie les enseñó
qué hacer con la abundancia

Seréis como Dios
Seréis como Dioses
Seréis como Diógenes

Síndrome de Campanilla

NINGUNA mujer ha llegado tan alto
en la cadena ejecutiva
Encantadora envolvente ingeniosa
Nadie como ella al mirarte ofrece la vida eterna
Nadie como ella el reino de los cielos
Nadie como ella el de los infiernos

La niña del país imaginario
atrapada en cápsula de cristal
es ahora la mujer invulnerable

Vivir ocultando el fracaso y morir de éxito
son caras de la misma argucia

Entregar el corazón Wendy
no es debilidad
sino acaso tan solo
descubrir el camino de regreso
a casa

Síndrome de Ulises

REY de Ítaca
Lejos del hogar tiembla tu corazón desnudo
Ni siquiera conquistar a las huestes de Esparta
apagó en tu interior la febril nostalgia
Qué importa ahora si venciste
Qué más da si bogaste contra toda adversidad
para reescribir la historia con un signo diferente

Acaso la hechicera Circe
concedió a tu estirpe un lugar sagrado
para el viaje

Hoy tu nombre es el de muchos
que jurando regresar
hunden sus naves de bruma
sobre un horizonte sin término

Síndrome de Ícaro

Volar por volar confunde

Alfonso Pascal Ros

CERCA de la constelación de Orión
es fácil sublimar el deseo de las alas
Y no existe un arte para el vuelo
cuando no se ha aprendido a caer
A diferencia de los pájaros

Síndrome de Saturno

CONDUCE al desencanto
perseguir la perfección
Sólo así consigo explicar
por qué Virgilio imploró
al emperador Augusto
destruir La Eneida
o que la última voluntad de Kafka
en el lecho de muerte
fuese quemar uno a uno
todos sus manuscritos
El propio Juan Ramón
robando en bibliotecas
sus primeros ejemplares modernistas
para después exterminar sus páginas
James Joyce Emily Dickinson
Thomas Hardy Julio Cortázar
Francisco Ayala Ernesto Sábato
devorando como Saturno
a sus propias criaturas

O acaso sea cierto aquello de Ciorán
y un libro tan solo es el rostro
de un suicidio aplazado

Escucha activa

Cada época tiene sus neurosis, y cada tiempo necesita su terapia.

Viktor Emil Frankl

Terapia electroconvulsiva (TEC)

LA poesía es una descarga
entre la palabra
y su definición

Amnesia de lugar

DÓNDE está mi casa
de qué lugar viniste tú
y cuál es el camino
que nos condujo
a este punto ignoto
que tanto reconocen nuestros labios

Lenguaje no verbal

EN el tiempo que inviertes
en leer estas líneas
ya ha existido un sesgo
un latido ínfimo
que pertenece a otro poema
sin palabras

Trastorno de la personalidad

LA niña feroz y el dulce lobo
de ojos misericordiosos
se aman a escondidas del mundo
en el mismo cuento
que los acusa de devorarse
por lo contrario

Terapia de pareja

Amo la poesía y mi amada no es fácil

ME juraste amor eterno
mientras te entregaba el corazón
en un puñado de versos

Ahora dime
Después de tantos años
tanta noche consumada
tanta música interior
trasformando en jade las esferas
tantas horas de vigilia
suspirando por tus formas
Después del largo idilio
¿Salvaremos este matrimonio?

¿Por qué todavía te quiero si te vas con otros?

Trastorno del aprendizaje

DE verdad que no entiendo
esta conducta lenta y torpe
de los seres humanos

Los lobos árticos se buscan
un día de frío en la cima de un monte
desconociendo que sus huellas
-ya borradas por la nieve-
no guiarán el camino de vuelta

Quien clama desde el aullido
aprende una verdad oculta
e inaugura la senda
de la nueva oportunidad

Trastorno de percepción
(Desnudo en el Edén)

No trates de aprehenderlo
No trates de explicarlo
Tan sólo escucha la armonía invulnerable
en la cumbre vegetal que te circunda
y acaricia el tamiz
de la luz que se filtra entre las hojas
Sólo así podrás comprender
el carácter sagrado del bosque
nacimiento a un orden superior
del que tú eres substrato
nunca semilla

Voyeurismo

CONOZCO tu vida de memoria
sé cómo piensas
la magnitud de tus sueños
la persuasión de tu astucia
y el deseo que tienes de que te quieran
Conozco tu vida de memoria
la sinapsis nerviosa que agita tu conciencia
y hasta la estructura de los doce elementos químicos
que conforman cada latido estricto de tu corazón

Ya ves
tan solo con abrir estas páginas
tan solo con respirar estos versos
Y aunque tú no lo sepas
estás a mi lado y nos amamos
en este bastión irreductible
mientras te observo una y otra vez
leyendo detenidamente
sobre la letra pequeña

T.L.P.

A cien mil pies de altura
subido descalzo en el alambre
con la pértiga de las emociones
caminas
A un lado la neurosis
Al otro la psicosis
Muchos te señalan
Nadie te comprende
Todo el mundo observa expectante
el descenso vertical de tu caída
mas sin embargo tú Bordeline
caminas

Triada negativa

No volveré a quererte
No te entregaré el corazón
No te negaré tres veces

Trastorno delirante del lenguaje

TODO lo que no consigo decirte
y sin embargo te escribo en este poema
para poder luego decírtelo
con ese lenguaje
desde el que creas

Teoría de la desesperanza

LA mayor razón de mi abandono
saber que tú lo hiciste mucho antes

Teoría de la esperanza

LA mayor razón de mi vigilia

Saber que volverás

Realidad simultánea

A fuerza de fiarme
sin medida de ti
sospecho tanto de tu amor
al negarme una sola vez
la vida entera

Nomofobia
(Poema de amor con falacia)

DESNUDO como un niño me siento
si al salir de casa no me portas de la mano
Yo te aprieto fuerte pero tú me llevas
¿Qué importa si nadie entiende
este vínculo encendido entre memoria
y carne ensimismada?
A lo que ellos llaman trastorno
yo lo llamo conexión profunda
altum tremor
amor indisoluble no circunstancial

Trastorno histriónico

COMO voces prestadas de la cultura etrusca
Antes de que la lengua latina
venerara a Histrión en el proscenio
mucho antes del esplendor del teatro griego
vosotros ya interpretabais vuestros conspicuos papeles
vuestros guiones exacerbados
vuestros poemas melodramáticos

Todavía puedo veros saliendo
cada día hacia el trabajo
platicando con amigos imaginarios
ataviados de Dolce & Gabbana y Versace
sobre las aceras del gran teatro de la urbe

Mira atento al escenario
El mundo continúa siendo
una burda comedia

¿Reconoces el reparto?

Estímulo condicionado

EL padre mira al niño con el dedo en alto
a modo de advertencia
El niño obedece al índice
y aprende el camino a las estrellas

Sigmund Freud en el psicoanalista
(Ello, yo y superyó)

¿Quién es yo?

Fernando Pessoa

DÍGAME Doctor
el porqué de mis sueños recurrentes
o si acaso pudiera tratarse
de una personalidad disociada
con un triple desdoblamiento de identidad

Contésteme por favor
¿Quién de los tres soy yo?
¿Y por qué antes de que usted responda
ya lo hizo el inconsciente?

Terapia del perdón

NUNCA una deuda
Nunca un consuelo
Nunca penitencia
Un poema es un acto de redención
en la penumbra

Role-Playing

Estás sobreactuado
Recitas el poema de memoria
y te pones en la piel del personaje
simulando afección latido hondo
semblante enérgico sobre el texto

De manera profusa gesticulas
y alardeas de la rima encadenada
asestando golpes de muñeca sobre el aire
igual que un druida poseído
por la furia excelsa de los dioses

Insuflas leve soplo a la llama endecasílaba
y la cadencia de la escena se agiganta
mientras tensas un hilo de misterio
a modo de oración profunda
semejante al Credo de Nicea

Estás sobreactuado
Acaso porque crees que la vida se concierta
al ritmo exacto de tu estrofa
y se engasta como un guante
en la piel de cada verso
Acaso porque temes la sordina del silencio
y añoras la belleza de la forma
o el temor a que el poema
nunca fuera testigo fiel de tu empeño
ni la palabra justifique a la Palabra

Luego cedes turno a otros y asientes
en silencio la salmodia
ocultando la cabeza entre las manos
al igual que la falacia

Excelente actor de grupo atento
que no llega a defender un mal poema

Sesión de reiki

CONSEGUIDO el equilibrio armónico
la apertura de los *chakras*
restaurado el flujo en la conciencia
y aseada en plenitud la higiene del alma

¿Qué hago ahora al incorporarme del diván
salir de la consulta
observar a un tipo maldiciendo a su mujer
y respirar de nuevo tanta energía tóxica?

Razón del inconsciente
de
Javier Asiáin
se terminó de imprimir un día de mayo de 2025.
A 150 años del nacimiento de Carl Gustav Jung
quien sentenció:

Yo no soy lo que me sucedió. Yo soy lo que elegí ser.

*

Esta edición consta de 300 ejemplares

Chamán ante el fuego (Poesía)

1. *Desde el mar a la estepa (Antología de poetas del sudeste español)*
2. *Rocinante*, Alfred Corn (antología bilingüe inglés / castellano)
3. *Volvimos a escuchar ese adagio de Mozart*, Guillermo Samperio
4. *El libro blanco*, Augusto Rodríguez
5. *Exhumación de la fábula*, Javier Bello
6. *Las lágrimas de Chet Baker caen a piscinas doradas*, Abel Santos (2ª edición)
7. *Hierofanías*, Alfredo Rodríguez
8. *Breve historia del circo*, Pablo Cerezal
9. *Miguel Hernández. El que no está*, Sergio Delicado (2ª edición)
10. *Pólvora en el sueño*, Miguel Ángel Velasco
11. *Las mudas soledades*, Pedro Gascón
12. *Celebrad los días. Poesía Completa*, Sergio Algora
13. *Labor de melancoholismo*, Toni Montesinos Gilbert
14. *Con todo este ruido de fondo o El imperio de las luciérnagas*, Vicente Velasco Montoya
15. *Vigía de tu paso*, Pilar Blanco Díaz
16. *El paso que se habita*, Esther Peñas
17. *Latido izquierdo*, Rubenski Pereira
18. *Animal fabuloso*, José Óscar López
19. *También vivir precisa de epitafio. Antología poética (1983-2017)*, Javier Sánchez Menéndez
20. *Teimosa maré / Terca marea*, Manuel Neto dos Santos (edición bilingüe portugués / castellano)
21. *Abril en los inviernos*, Nicolás Corraliza
22. *Refugio en el vuelo*, Pedro Sánchez Sanz
23. *Hasta que nada quede (Poesía reunida 1978-2019). Volumen I. Obra publicada*, José Antonio Martínez Muñoz
24. *Digterne / Poetas*, Pejk Malinovski (edición bilingüe danés / castellano)
25. *El momento (Una manera de medir el tiempo I)*, Valentín Carcelén
26. *La luz de lo perdido (Antología poética 1976-2020)*, Javier Lostalé

27. *Yo escribo la noche*, Pilar Blanco Díaz (Premio de la Crítica Literaria Valenciana 2021)
28. *De lo terrible*, Ana Martínez Castillo
29. *Antología de la «Beat Generation», (Antología bilingüe inglés / castellano)*, Marcos-Ricardo Barnatán
30. *Libro de las negaciones*, Javier del Prado Biezma
31. *Zapatos sin cordones*, Julia Navas Moreno
32. *La filtración de la luz*, Sihara Nuño
33. *Ese sabor antiguo de las obras*, Javier Sánchez Menéndez (2ª edición)
34. *Canto fenicio*, Juan de Dios García
35. *Historia de la lluvia*, Esther Peñas
36. *Dragón custodiando el misterio*, Alfredo Rodríguez
37. *El pasado (Una manera de medir el tiempo II)*, Valentín Carcelén
38. *Bailarinas de rafia*, Julia Navas Moreno
39. *Letras grandes*, Pedro Serrano
40. *Razón del inconsciente,* Javier Asiáin
41. *La memoria (Una manera de medir el tiempo III)*, Valentín Carcelén

Chamán en su senda (Narrativa)

1. *Lawrence de Arabia. La corona de arena*, José María Álvarez
2. *La casa de los sordos*, Lamar Herrin
3. *Extrañas geometrías*, Javier Sarti
4. *El litoral del mundo*, Maria Gabriela Llansol
5. *Travesía*, Vicente Muñoz Álvarez
6. *Homenaje póstumo y otros relatos*, Lamar Herrin
7. *Todas las familias infelices*, Ramón Bascuñana
8. *Historia de una tienda*, Amy Levy (2ª Edición)
9. *Sol medieval*, Enrico Maria Rende
10. *El imposible lenguaje de la noche*, Joaquín Fabrellas
11. *Revolucionario*, Clementina Black
12. *El manuscrito de Palermo*, José María Álvarez
13. *Arábica*, Pablo Cerezal
14. *El día que se acabaron las cosquillas*, María Dolores García Rozalén (3ª Edición)
15. *Todo en orden*, Luis Sánchez Martín
16. *Osuna*, Jaufré Rudel
17. *La camisera de Manchester*, Margaret Harkness

www.chamanediciones.es